Commentaire

Par Nicolas Cantonnet

Critique de la raison pure

L'espace et le temps comme formes à priori de la sensibilité

Kant

lePetitPhilosophe.fr

KANT

PHILOSOPHE ALLEMAND FONDATEUR DE LA PHILOSOPHIE CRITIQUE

- **Né en 1724 à Königsberg**
- **Décédé en 1804 à Königsberg**
- **Quelques-unes de ses œuvres :**
  - *Critique de la raison pure* (1781 et 1787)
  - *Critique de la raison pratique* (1788)
  - *Critique de la faculté de juger* (1790)

Emmanuel Kant est un philosophe allemand qui occupe une **place capitale dans l'histoire de la philosophie**. Professeur à l'université de Königsberg, sa ville natale qu'il n'a jamais quittée, il a élaboré un **système révolutionnaire**, touchant à la philosophie de la connaissance, mais aussi à la morale et à l'esthétique. Toute son œuvre tente de répondre aux questions fondamentales « Que puis-je connaitre ? », « Que m'est-il permis d'espérer ? » et « Que dois-je faire ? ». Ces trois interrogations peuvent se regrouper en une seule, au cœur de l'œuvre kantienne : « Qu'est-ce que l'homme ? »

LA CRITIQUE DE LA RAISON PURE

UNE RÉVOLUTION DANS LA THÉORIE DE LA CONNAISSANCE

Rédigée en **1781** puis réécrite en **1787**, la *Critique de la raison pure* analyse le mode de connaissance de l'homme et tente ainsi de répondre à la question : **« Que puis-je connaitre ? »** Cette œuvre est notamment célèbre pour la « révolution copernicienne » qu'elle opère en philosophie, en mettant en évidence le fait que **la connaissance d'un objet dépend moins de l'objet lui-même que du sujet percevant**. Elle affirme également que l'espace et le temps n'existent pas en dehors de nous, car ils font partie de la structure même de notre esprit. En opposition aux empiristes, selon lesquels l'esprit reçoit passivement les connaissances par le biais de l'expérience, Kant affirme que **l'entendement joue un rôle actif dans la constitution du savoir**.

MISE EN CONTEXTE

LES LUMIÈRES

La philosophie des Lumières désigne un courant intellectuel qui s'est développé au **XVIIIᵉ siècle en Europe**, plus précisément en France, en Angleterre et en Allemagne. Elle réunit des penseurs aussi brillants et divers que John Locke (1632-1704), Montesquieu (1689-1755), Voltaire (1694-1778), Jean-Jacques Rousseau (1712-1778), Denis Diderot (1713-1784) et bien sûr Emmanuel Kant.

Ce mouvement se caractérise par :

- la méfiance envers les dogmes religieux et le fanatisme ;
- la critique du politique, la dénonciation de la torture et des exclusions ;
- la défense d'idéaux tels que la tolérance, la liberté, le bonheur individuel et le progrès (du savoir mais aussi de la civilisation et du domaine moral) ;
- le **principe de l'autonomie de la raison**.

Concernant ce dernier point, cher à Kant, ce dernier écrit, dans la Réponse à la question : « Qu'est-ce que les Lumières ? » : « Aie le courage de te servir de ton propre entendement. Voilà la devise des Lumières. » Il s'agit donc de comprendre le monde à la seule lumière naturelle de la raison. Autrement dit, les penseurs de l'époque se donnent pour objectif d'**« éclairer » les hommes dans tous les domaines du savoir** (sciences, religion, éducation, politique, etc.), **afin de combattre l'obscurantisme qui**

prévalait jusque-là.

LA PROBLÉMATIQUE DE HUME

L'impossibilité de la science

David Hume (1711-1776) est un philosophe écossais empiriste : dans la lignée de John Locke, il pense que l'esprit est à la naissance une table rase, et que **toute connaissance dérive de l'expérience**.

Sa philosophie se révèle également sceptique : selon lui, **la science, qui se base sur l'habitude, est impossible**. Plus précisément, **nous ne pouvons accéder à aucune certitude sur le plan scientifique, car le principe de causalité n'est fondé que sur l'habitude** : il n'est en aucun cas scientifique. Ainsi, ce n'est pas parce que le soleil s'est levé tous les jours jusqu'à aujourd'hui qu'il se lèvera demain, et ce n'est pas parce qu'un objet tombe à chaque fois que je le lâche qu'il tombera toujours nécessairement. Nous pouvons selon Hume seulement accéder à des probabilités, non à des certitudes. Cette critique de l'induction (le fait de passer du particulier au général) a beaucoup marqué Kant. Elle l'a même, selon ses propres dires, « réveillé de son sommeil dogmatique ».

La réponse de Kant

Cherchant à répondre à Hume, Kant se demande, dans la *Critique de la raison pure*, **en quoi la science est possible** : comment des jugements synthétiques à priori, c'est-à-dire indépendamment de l'expérience, sont-ils possibles ? Le jugement synthétique s'oppose au jugement analytique dans le sens où il apprend quelque chose de nouveau :

- dans le jugement synthétique, le prédicat ajoute quelque chose au concept du sujet : « le chat (sujet) est blanc (prédicat) » ;
- au contraire, le jugement analytique ne fait qu'exprimer ce qui est déjà contenu dans la définition d'un concept : « le chat (sujet) est un félin (prédicat) ». Il n'apprend donc rien de nouveau.

Par ailleurs, le jugement synthétique, à la différence du jugement analytique, est souvent à postériori : il faut voir le chat pour affirmer qu'il est blanc. Or, selon Kant, **la science n'est possible qu'à condition qu'il existe des jugements synthétiques à priori** qui pourraient nous renseigner sur la réalité sans avoir recours à l'expérience.

Le philosophe fait alors de **la causalité**, qui se basait chez Hume seulement sur une habitude, **un concept ou une forme à priori de l'entendement**, c'est-à-dire qui existe en dehors de l'expérience. Précisons que l'entendement et la sensibilité sont à ses yeux nos deux sources de connaissance : contrairement à la sensibilité, l'entendement permet de penser et d'organiser le réel. Kant distingue douze concepts à priori de l'entendement (dont la causalité fait donc partie) qui permettent d'établir un lien entre les diverses impressions sensibles. Nous pouvons ainsi considérer comme certain le fait que l'objet qu'on lâche va tomber ou que le soleil va se lever demain matin.

SITUATION DE L'EXTRAIT ÉTUDIÉ

Le passage que nous allons étudier est un extrait de la *Critique de la raison pure*, plus précisément de la partie « Esthétique transcendantale ». Il est important de souligner que le terme **« critique »** n'a pas la signification que nous employons habituellement. Il s'agit ici de **l'examen des pouvoirs de la raison**. Le concept de « **raison pure** » désigne quant à lui les pouvoirs de la raison **avant l'expérience et indépendamment d'elle**.

Concernant la notion d'« esthétique transcendantale », il convient d'abord de préciser que la plus longue partie de la *Critique de la raison pure*, qui s'intitule « Théorie transcendantale des éléments », se divise en deux parties :

- la « Logique transcendantale », qui traite des douze formes à priori de l'entendement ;
- l'**« Esthétique transcendantale », qui traite des formes à priori de la sensibilité : l'espace et le temps**. Le terme « esthétique » chez Kant n'a donc rien à voir avec une théorie du beau : il s'agit d'une théorie de la sensibilité, et donc d'étudier les données sensibles. Quant au terme « transcendantal » (à ne pas confondre avec

« transcendant », qui peut se définir par « ce qui dépasse l'homme »), il désigne le domaine des conditions à priori de l'expérience. Il s'agit donc moins d'étudier les objets en tant que tels que de rechercher ce qui rend possible telle ou telle expérience.

L'ESPACE ET LE TEMPS COMME FORMES À PRIORI DE LA SENSIBILITÉ

Le temps n'est pas quelque chose qui existerait pour soi-même ou qui serait attaché aux choses comme une détermination objective, et qui par conséquent subsisterait quand bien même l'on ferait abstraction de toutes les conditions subjectives de leur intuition : car dans le premier cas il serait quelque chose qui, sans objet réel, posséderait pourtant de la réalité. Mais dans le second il ne pourrait, en constituant une détermination ou un ordre inhérents aux choses elles-mêmes, précéder les objets comme leur condition et être *a priori* connu et intuitionné par les propositions synthétiques. Cette dernière éventualité se réalise en revanche très facilement si le temps n'est rien que la condition subjective sous laquelle toutes les intuitions peuvent avoir lieu en nous. Car alors cette forme de l'intuition interne peut être représentée avant les objets, par conséquent *a priori*.

Le temps n'est rien d'autre que la forme du sens interne, c'est-à-dire de l'intuition que nous avons de nous-mêmes et de notre état intérieur. Car le temps ne peut être une détermination de phénomènes extérieurs : il n'appartient ni à une figure, ni à une position, etc. ; au contraire, il détermine la relation des représentations dans notre état interne. Et c'est précisément parce que cette intuition interne ne fournit aucune figure que nous cherchons à parer à ce manque par des analogies et que nous représentons la suite du temps par une ligne prolongée à l'infini, dans laquelle le divers constitue une série qui ne possède qu'une dimension, et que nous concluons des propriétés de cette ligne à toutes les propriétés du temps, à cette seule exception près que les parties de la première sont simultanées, alors que celles du second sont toujours successives. Par quoi s'éclaire aussi que la représentation du temps lui-même est une intuition, dans la mesure où toutes ses relations se peuvent exprimer à l'aide d'une intuition externe.

Le temps est la condition formelle *a priori* de tous les phénomènes en général. L'espace, en tant qu'il constitue la forme pure de toute intuition externe, est limité, comme condition *a priori*, simplement aux phénomènes extérieurs. En revanche, puisque toutes les représentations, qu'elles aient ou non des choses extérieures pour objets, appartiennent néanmoins en elles-mêmes, comme déterminations de l'esprit, à l'état interne, tandis que cet état interne, soumis qu'il est à la condition formelle de l'intuition interne, appartient par conséquent au temps, le temps est une condition *a priori* de tout phénomène en général, et plus précisément la condition immédiate des phénomènes intérieurs (de notre âme), et par là même aussi, de façon médiate, celle des phénomènes extérieurs. Si je peux dire *a priori* : tous les phénomènes extérieurs sont dans l'espace et sont déterminés *a priori* selon les rapports spatiaux, je peux à partir du principe du sens interne dire de manière tout à fait universelle : tous les phénomènes en général, c'est-à-dire tous les objets des sens, sont dans le temps et se trouvent soumis de façon nécessaire à des rapports temporels.

KANT (Emmanuel), *Critique de la raison pure*, traduction

d'Alain Renaut, Paris, GF-Flammarion, 2001, p. 128-129.

EXPLICATION ET ANALYSE DU TEXTE

LA THÉORIE DE LA CONNAISSANCE

Phénomène *versus* noumène

Pour Kant, **l'esprit ne peut connaitre que le phénomène** (du grec *phainomena*, « ce qui apparait » : c'est-à-dire la chose pour moi, telle qu'elle m'apparait et dont je fais l'expérience) **et non le noumène** (du grec *nooumena*, « ce qui est pensé » : c'est-à-dire la chose en soi), inatteignable. Seul Dieu, s'il existe, peut accéder au noumène.

Cela ne signifie pas pour autant que le phénomène soit une illusion. Le phénomène est une conception de la chose, comme il en existe une infinité d'autres. Prenons l'exemple classique des lunettes rouges. Si l'on met des lunettes rouges et que l'on voit une feuille blanche, la feuille est « en soi » blanche, mais « pour moi » elle est rouge. C'est la fameuse **révolution copernicienne** de Kant. Jusqu'à Kant, les philosophes partaient du principe que la connaissance de l'objet provenait seulement de l'objet. De la même façon que Nicolas Copernic (1473-1543) a été le premier à dire que la Terre tournait autour du Soleil et non l'inverse, Kant établit que **la connaissance d'un objet provient plus du sujet percevant que de l'objet lui-même** En somme, il développe une conception de la science tournée vers le sujet et non plus sur l'objet.

Les deux sources de la connaissance

Par ailleurs, selon le philosophe, la connaissance a deux
sources :

- **la sensibilité**, par laquelle les impressions sont reçues,
- **et l'entendement**, par lequel les objets sont pensés.

Kant ne renie donc pas l'empirisme, mais il va au-delà. Ainsi,
selon lui, « toute connaissance débute avec l'expérience,
mais ne dérive pas toute d'elle ». Autre citation célèbre :
« Sans la sensibilité, nul objet ne serait donné, sans l'entendement, nul objet ne serait pensé. » Le philosophe, contrairement aux empiristes, ne conçoit donc pas l'esprit comme
seulement passif, c'est-à-dire qui reçoit passivement les
données par le biais des sens. Si la sensibilité est passive –
dans la mesure où les données sont reçues –, l'entendement
ne l'est pas.

Les formes à priori de la sensibilité et de l'entendement

Il existe des formes à priori (c'est-à-dire indépendantes de
l'expérience, universelles et nécessaires) **de la sensibilité :
l'espace et le temps**. Trois conclusions en résultent :

- il est impossible d'imaginer le monde sans espace et sans
  temps ;
- l'espace et le temps n'existent pas en dehors de nous ;
- des êtres différents (par exemple des extraterrestres)
  pourraient, selon Kant, avoir un esprit distinct du nôtre,
  c'est-à-dire ayant des conditions de connaissance autres
  que l'espace et le temps. Autrement dit, l'espace et le

temps sont des formes à priori de notre sensibilité, mais des êtres venus d'ailleurs sont peut-être pourvus de formes à priori d'une autre nature.

Il existe également des formes à priori de l'entendement, qui sont les douze catégories (ou concepts). Celles-ci permettent d'unifier le champ de l'expérience, d'organiser le réel, d'établir une liaison entre les diverses impressions sensibles. Ces douze catégories se divisent en quatre « familles » :

- quantité (unité, pluralité, totalité) ;
- qualité (réalité, négation, limitation) ;
- relation (inhérence et subsistance, causalité et dépendance, communauté) ;
- modalité (possibilité, existence, nécessité).

L'entendement, qui pense et organise le réel, est donc actif, contrairement à la sensibilité. Mais **on ne peut voir le monde qu'à travers ce double prisme** (sensibilité et entendement).

LE TEMPS COMME FORME À PRIORI DE LA SENSIBILITÉ

Selon Kant, **le temps n'existe pas en soi**. Il ne s'agit pas d'un objet qui se situerait en dehors de nous, il est au contraire inhérent au sujet percevant. Il ne dérive pas d'une expérience, mais la conditionne. En somme, **le temps fait partie de la structure même de notre esprit**. Ainsi, comme le note Kant, « le temps n'est pas quelque chose qui existerait pour soi-même ou qui serait attaché aux choses comme une détermination objective ».

Le temps est **une forme à priori de la sensibilité**. Cela signifie qu'il précède « les objets comme leur condition et [est] *a priori* connu et intuitionné par les propositions synthétiques ». Le temps est donc au fondement, non seulement de la connaissance en général, mais plus précisément de la science, car la science n'est possible qu'avec des jugements synthétiques à priori. Plus généralement, le temps est donc « la condition subjective sous laquelle toutes les intuitions peuvent avoir lieu en nous ». Par ailleurs, **le temps est également nécessaire** : toute perception, quelle qu'elle soit, est impossible sans lui. Il est impossible d'avoir une intuition en faisant abstraction du temps.

Les rapports de l'espace et du temps

Kant oppose le temps et l'espace. Si temps et espace sont bien des formes à priori de la sensibilité, **le temps est la forme du « sens interne »**, quand **l'espace se révèle être la forme du « sens externe »**. Le sens interne, explique le philosophe, « est l'intuition que nous avons de nous-mêmes et de notre état intérieur ». Contrairement à l'espace, le temps « ne peut être une détermination de phénomènes extérieurs : il n'appartient ni à une figure, ni à une position, etc. ». Le temps est donc la forme du sens interne « car il détermine la relation des représentations du sens interne ». Kant explique ensuite que nous nous représentons mal le temps : « C'est précisément parce que cette intuition interne ne fournit aucune figure que nous cherchons à parer par des analogies et que nous représentons la suite du temps par une ligne prolongée à l'infini. »

Kant émet une autre distinction entre espace et temps :

> « Puisque toutes les représentations, qu'elles aient ou non des choses extérieures pour objets, appartiennent [...] à l'état interne [...] le temps est une condition a priori de tout phénomène en général, et plus précisément la condition immédiate des phénomènes intérieurs (de notre âme) et par là même aussi, de façon médiate, celle des phénomènes extérieurs. »

Le phénomène est, pour rappel, la chose telle que je la perçois, à laquelle je peux accéder et qui s'oppose à l'inatteignable noumène, la « chose en soi ». L'idée maitresse est donc que « **le temps est une condition *a priori* de tout phénomène en général** » (c'est-à-dire à la fois les phénomènes intérieurs et extérieurs), **contrairement à l'espace**, qui constitue la forme pure de toute intuition externe et **qui est limité seulement aux phénomènes extérieurs**. Ainsi, tous les objets sont nécessairement soumis aux relations de temps. Alors que « tous les phénomènes extérieurs sont dans l'espace et sont déterminés à priori selon les rapports spatiaux, je peux à partir du principe du sens interne dire de manière tout à fait universelle : tous les phénomènes en général, c'est-à-dire tous les objets des sens, sont dans le temps et se trouvent soumis de façon nécessaire à des rapports temporels ».

POUR ALLER PLUS LOIN

- HERSCH (Jeanne), *L'Étonnement philosophique*, Paris, Gallimard, 1993.
- KANT (Emmanuel), *Critique de la raison pure*, traduction d'Alain Renaut, Paris, GF-Flammarion, 2001.
- WILFERT (Joël), *Kant*, Paris, Ellipses, 1999.

Rendez-vous sur
lepetitphilosophe.fr
et découvrez :

Plus de 1200 analyses
Claires et synthétiques
Téléchargeables en 30 secondes
À imprimer chez soi

ISBN version numérique : 978-2-8062-4552-6
ISBN version papier : 978-2-8080-0099-4
Dépôt légal : D/2017/12603/483

Conception numérique : Primento,
le partenaire numérique des éditeurs.

Made in the USA
Monee, IL
07 July 2026

56545203R00015